まえがき

郡山市には、五五ヵ所の遺跡が古墳群として登録されている。その中には古墳群とは考え難い遺跡が含まれているため、古墳群の数はこれより少なくなるかもしれないが、古墳群を構成する個々の古墳の総数は、数百に上るとみられる。それらのうち、見学しやすく整備されているのは、田村町大善寺《だいぜんじ》の大安場《おおやすば》古墳《こふん》のみである。ほとんどの古墳は、存在すら知られていないのが現実であろう。そこで本書では、郡山市内の古墳の中で、代表的な二五例を紹介する。本書をきっかけに、郡山の古墳に興味を持って頂ければ嬉しい限りである。紹介した以外にも古墳は存在するが、内容の不明なものが多いため省略した。

なお、本書のもととなったのは、二〇一八年一〇月六日か月三〇日まで、福島民友新聞郡山版に、「身近な歴史再発見　郡山の古墳」と章である。また、二〇一八年七月一日から六日まで、同紙に連載した古墳時代いて解説した「交流の世紀　倭の五王の時代の郡山」を、付編として収めた。も、再録にあたっては誤りを訂正するなどの改変を施し、一部の写真を入れ替加した。

二〇一九年八月

垣内和孝

目次

【大安場古墳《おおやすばこふん》】（田村町大善寺《だいぜんじ》）

†葬られたのは男性か女性か

郡山市にある古墳の中で、最も規模が大きいのは大安場古墳である。古墳時代の前期後半に築かれた全長約八三メートルの前方後方墳《ぜんぽうこうほうふん》だ。前方後方墳は、四角と四角をつなげたような形をした古墳で、東日本では前期の古墳に多い。四角と丸をつなげた前方後円墳《ぜんぽうこうえんふん》とは、微妙に形が異なる。両者の違いは、格式を反映するらしい。前方後円墳の方が、高い格式とされる。

格式は下にしても、八三メートルという規模は、前方後方墳としては東北地方で最大級である。葬られた人物は、地域の最有力者であったに違いない。それを最もよく物語るのは、腕輪《うでわ》の形をした石製品《せきせいひん》が出土したことだ。この石製品は、当時の日本を治めていたヤマトの王から贈られた。中央の政権とのつながりを示す貴重品だ。

実は、大安場古墳に葬られた人物の性別や人数は確定していない。腕輪形石製品《うでわがたせきせいひん》の置かれていた場所が、その人物の腕の位置になりそうだからだ。腕輪だから腕の位置で当たり前と言われそうだが、頭の付近など、他の位

腕輪の形の石製品（大安場史跡公園蔵）

置からの出土例は多い。大安場古墳と同じタイプの腕輪形石製品が腕の位置から出土した例は、性別が判明する限り、全て女性である。※一方で、棺《ひつぎ》の中からは男性を象徴する武器も出土しており、問題は複雑だ。男女二人が埋葬されたことも考えられる。

※清家章『埋葬からみた古墳時代』吉川弘文館　二〇一八年

大安場古墳の位置
（国土地理院発行　2万5千分の1地形図「郡山」使用）

【大安場《おおやすば》2～5号墳《ごうふん》】（田村町大善寺）

†子孫と信じた人々

大型の古墳のすぐそばに、小型の古墳の造られる例が各地にある。大安場古墳もその一例だ。同古墳の北側に、直径約一五メートルの円墳《えんぷん》が隣接し、そのさらに北側にも円墳が連なる。大安場2～5号墳である。これらの円墳群は、大安場古墳から約百年後の古墳時代中期後半に造られた。

気になるのは、円墳群と大安場古墳との関係である。近年の研究によれば、大型古墳に近接する小型の古墳群は、大型古墳に葬られた人物を始祖と仰ぐ人たちの墳墓であるという。ただし、両者には必ずしも血縁関係があったわけではなく、子孫であると信じていることが大切だという。※地域の共同体を維持する上で、大型古墳がシンボルとして機能したのである。となれば、大安場2～5号墳に葬られたのは、大安場古墳の主の子孫であると信じていた人たち、ということになる。大安場古墳は、地域の共同体のシンボルであったのだ。

2～5号墳の中では、2号墳が最も大きい。遺体を埋葬した棺《ひつぎ》も、石材を組んで造った立

大安場２号墳と大安場古墳（郡山市教育委員会提供）

派なものだ。３～５号墳の詳細が判明していないので、確かなことは不明ながら、円墳群の中では２号墳が最も古いとみられる。２号墳に葬られたのは、この集団のリーダーであり、３～５号墳には、その人物の後継者や親族たちが葬られたと考えられる。

※土生田純之『古墳』吉川弘文館　二〇一一年

大安場２～５号墳の位置
（国土地理院発行　２万５千分の１地形図「郡山」使用）

【山中日照田遺跡《さんちゅうひでりだいせき》】

（田村町大善寺）

†小規模な墳墓が集中

　大安場古墳《おおやすばこふん》の造られた丘陵とは谷を挟んだ南側の丘陵の上に、山中日照田遺跡がある。同遺跡からは、大安場古墳と同じ古墳時代前期後半の集落と墳墓が、発掘調査でみつかった。墳墓は、五〜一〇メートルほどの小規模なもので、溝《みぞ》で方形に区画した方形周溝墓《ほうけいしゅうこうぼ》と呼ばれるタイプが多い。周溝の内側には盛り土がなされたはずだが、その土量は少なく、墳丘《ふんきゅう》の高まりは低かったと考えられる。

　周溝墓は近接した場所に集中し、墓域を形成する。周溝墓群に葬られたのは、同じ遺跡でみつかった集落に暮らした人たちのなかでも、比較的有力な者であろう。発掘調査などで確かめられたわけではないが、大安場古墳に葬られた人物も、同じ集落に暮らしていたと考えられる。周溝墓に葬られた人たちと、大安場古墳に葬られた人物との間には、生きていた時期が重ならないなどという場合を除き、お互いに面識があり、会話を交わしたこともあったはずである。

　しかし、両者の墳墓は谷を隔てた場所に別々に造られた。しかも、大安場古墳は、古

一辺約5メートルの小型の方形周溝墓（郡山市教育委員会提供）

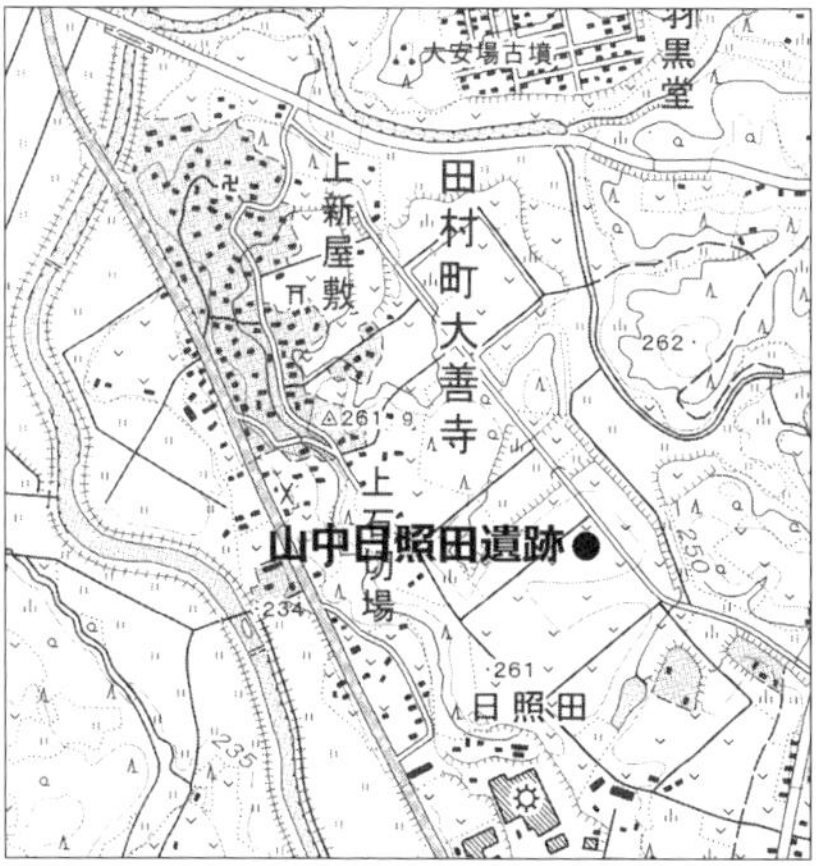

山中日照田遺跡の位置
（国土地理院発行　2万5千分の1地形図「郡山」使用）

墳時代の前期においては単独の存在であった。大安場古墳に葬られた人物が、特別な存在であったからである。周溝墓に葬られた人たちは、大安場古墳に葬られた人物を支える一方で、その庇護を受けていたと考えられる。

【正直《しょうじき》35号墳《ごうふん》】（田村町正直）

一九九一年に大安場古墳が発見されるまで、郡山で最も大きいと考えられていたのが、正直35号墳である。大安場古墳の主を支えた人たちが暮らした集落や墳墓のある山中日照田《さんちゅうひでりだ》遺跡《いせき》とは、谷田川《やたがわ》を挟んで対岸の丘陵上に位置する。現在は杉林となり、古墳の正確な形状を観察するのは難しい。遺体が埋葬されたとみられる主丘部《しゅきゅうぶ》には、かつて神社の社殿が鎮座《ちんざ》していた。おそらくその影響で、主丘部の形状が改変されている。特に東側で著しい。

しかし、主丘部の西側と北側は良好な状態である。その平面形が直線的であることから、前方後方墳《ぜんぽうこうほうふん》と考えられている。規模は、全長約三七メートルである。これまで発掘調査されたことはなく、測量調査が行なわれたのみである。そのため詳細は不明とせざるを得ないが、東日本では、前方後方墳が古墳時代前期に多いことから、前期の古墳と評価されている。

†大安場古墳《おおやすばこふん》との関係は

気になるのは、同じ前期の前方後方墳である大安場古墳との関係だ。同古墳の規模は約八三メートルなので、大きさには差がある。

杉林の中にある正直35号墳

一方で、長軸《ちょうじく》方向に長い後方部《こうほうぶ》の形が似ているとする指摘もある。※いずれにせよ、造られた時期が近いことから、両古墳に葬られた人物は、もし生きている時期が重なっていれば、お互いを認識していたであろう。

※郡山市文化・学び振興公社編『大安場古墳と郡山の古墳時代』郡山市教育委員会　二〇一〇年

正直35号墳の位置
(国土地理院発行　2万5千分の1地形図「郡山」使用)

【正直古墳群《しょうじきこふんぐん》】（田村町正直）

†石製模造品《せきせいもぞうひん》の出土が特徴的

正直古墳群は、現在では二〇基《き》ほどの古墳が確認できるに過ぎない。しかし、開発などにより失われてしまった古墳を含めれば、かつては四〇～五〇基は存在したと考えられる。前方後方墳《ぜんぽうこうほうふん》の35号墳と大型円墳《えんぷん》の21号墳が前期に遡るほかは、中期の後半を中心に築造されたとみられる。若干の方墳が含まれているようだが、大半は円墳である。遺体を埋葬する施設は、石材を組み合わせた棺《ひつぎ》や、木製の棺を直接埋めたものなど、多様である。

35号墳を除く各古墳の規模は、径三〇メートルを超える21号墳から径一〇メートル以下とみられる古墳まで、ばらつきがある。規模の大きな古墳からは、鉄製品《てっせいひん》や多種・多量の石製模造品が出土している。規模の差は、葬られた人物の地位を反映すると考えられる。言うまでもないことだが、規模が大きいほど上位に位置付けられる。

古墳群を構成する複数の古墳から石製模造品が出土したのは、福島県内では正直古墳群しかない。同古墳群を墓域とした集団と、石製模造品との親密な関係がわかる。石製模造

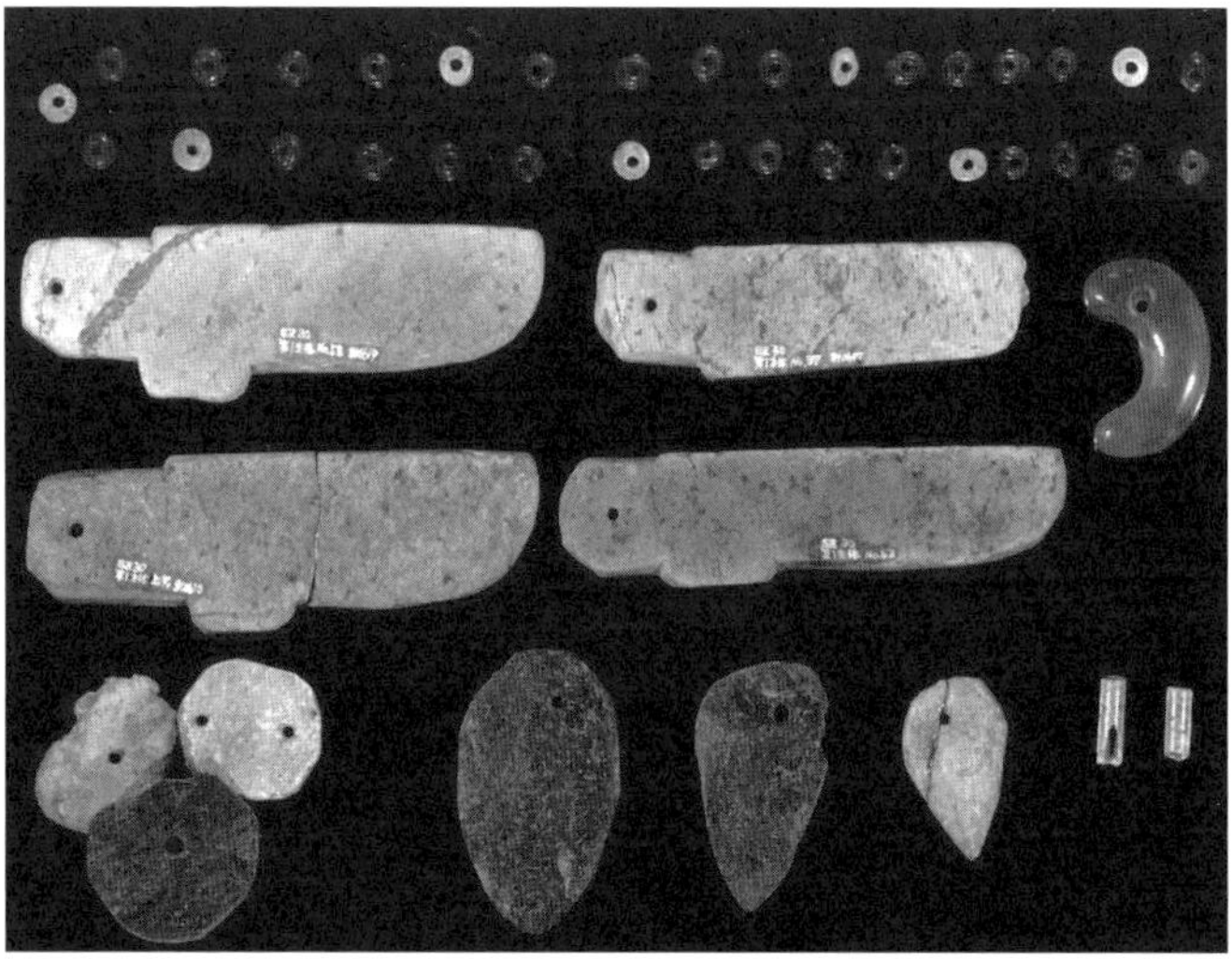

正直30号墳出土の石製模造品と玉類（郡山市歴史資料館蔵）

正直古墳群の位置
(国土地理院発行 2万5千分の1地形図「郡山」使用)

品とは、鏡や剣や刀といった製品を、滑石《かっせき》などの石材で模倣して作ったミニチュアである。実用品ではなく、祭祀《さいし》や葬送《そうそう》の際に使われた。古墳群と隣接する正直A遺跡からは、同じ時期の祭祀の痕跡がみつかっている。

【正直《しょうじき》27号墳《ごうふん》】（田村町正直）

†男女三体の人骨が出土

一つの古墳に複数人が埋葬される例は少なくない。正直27号墳もその一つである。同古墳は、正直古墳群を構成する径約二六メートルの円墳《えんぷん》で、古墳時代中期の中頃に築造された。墳丘《ふんきゅう》の中ほどには、遺体を埋葬する施設が南と北に二つ並んでいた。埋葬施設はいずれも石材を組んで作った棺《ひつぎ》である。そのうち北側の棺は、中央が間仕切りされて、東西の二室に分かれていた。

それぞれの棺からは、石製模造品《せきせいもぞうひん》や鉄製品《てつせいひん》といった豊富な副葬品《ふくそうひん》が出土したが、最も興味深いのは、北側の棺から、三体の人骨がみつかったことである。人骨の性別は、男性一人と女性二人と鑑定された。このうち男性が北棺《ほっかん》の東室《とうしつ》、女性二人が北棺の西室《せいしつ》から出土した。南側の棺からは、人骨はみつからなかった。ただし、副葬品の中に鉄製の鏃《やじり》が含まれており、他の古墳の例などを参考にすると、鉄鏃《てつぞく》が副葬された南棺《なんかん》には、男性の葬られていた可能性が高い。

各棺の副葬品の内容や、南棺が単独であることから、南棺に葬られた男性が中心となる

正直27号墳の南棺と北棺（郡山市教育委員会提供）

人物と判断できる。北棺の三人は、彼の近親者であろう。古墳に夫婦が葬られるのは極めて稀であるという近年の研究※に従えば、四人はキョウダイ、もしくはキョウダイとそのいずれかの子、あるいはキョウダイとその親など、という組み合せが考えられる。

※清家章『埋葬からみた古墳時代』吉川弘文館　二〇一八年

正直27号墳の位置
（国土地理院発行　2万5千分の1地形図「郡山」使用）

【三《み》ツ《つ》坦《だん》古《こ》墳《ふん》群《ぐん》】（静町《しずかまち》）

†阿武隈川西岸域最初の古墳

郡山の古墳は、阿武隈川東岸域の田村町に多く残されている。開発の進み方が比較的遅かったのが一因である。開発された時期の早かった阿武隈川西岸域の大槻町《おおつきまち》周辺にも、かつては多くの古墳が存在したが、そのほとんどは失われた。

昭和の戦前期に作成された図面※には、三ツ坦古墳群の場所に、三基《き》の墳丘《ふんきゅう》の存在が記されている。戦後に行なわれた発掘調査の際は、墳丘は二基に減っていたが、周溝《しゅうこう》のみが確認できた古墳がほかに四基あった。よって、少なくとも合計六基の古墳によって構成されていたと想定できる。調査された二基の古墳はいずれも方墳《ほうふん》で、規模は一辺が二〇メートル前後であった。遺体を埋葬した施設はみつからなかったものの、周溝から古墳時代前期の土器《どき》が出土したため、前期の古墳とされた。三ツ坦古墳群は、今のところ、阿武隈川西岸域最初の古墳と評価できる。

ところが、三ツ坦古墳群には若干の問題がある。慶長《けいちょう》七年（一六〇二）、「三ツ壇」を築いて大槻・富田・郡山三ヵ村の入会地《いりあいち》境界

三ツ坦１号墳から出土した土器（大安場史跡公園蔵）

の目印にした、との記録があるからだ。塚状の高まりという形状の類似から、この「三ツ壇」を古墳群と認識してしまったのでは、との疑念も浮かぶ。調査後の開発で古墳群は壊されてしまったので、この疑問を解決する手立ては失われた。

※垣内和孝「松井綾夫著『安積郡大槻村に於ける遺跡遺物の研究』の紹介と若干の検討」『郡山市埋蔵文化財発掘調査事業団研究紀要』第一号　一九九四年

三ツ坦古墳群の位置
（国土地理院発行　２万５千分の１地形図
「郡山西部」使用）

【東丸山遺跡《ひがしまるやまいせき》】（安積町成田《あさかまちなりた》）

✝方形周溝墓《ほうけいしゅうこうぼ》から円形周溝墓《えんけいしゅうこうぼ》へ

郡山カルチャーパークの建設に先立ち、東丸山遺跡の発掘調査が行なわれた。同遺跡は、古墳時代前期から平安時代まで断続的に続く遺跡である。中でも注目できるのは、古墳時代の前期後半と中期後半に造られた周溝墓群《しゅうこうぼぐん》だ。みつかった周溝墓は、方形と円形が合わせて一二基《き》である。これらは近接して存在し、墓域を形成する。

このうち、方形周溝墓の六基が前期後半に造られた。その規模には格差があり、一辺が一四メートル前後の大型、同じく九メートル前後の中型、六メートル前後の小型に分かれる。規模の大きな周溝墓ほど、相対的に有力な人物が葬られたと考えられる。ただし、小型の9号周溝墓からは鉛製のペンダントが出土しており、これは他に類例の少ない貴重品である。規模だけで、葬られた人物の優劣を決定することの難しさがわかる。

東丸山遺跡の周溝墓は、方形から円形に変化する。円形周溝墓の六基は、中期後半に造られた。規模はいずれも七メートル前後と小型である。その他に、中期の土坑墓《どこうぼ》が四基み

中型規模の方形周溝墓（郡山市教育委員会提供）

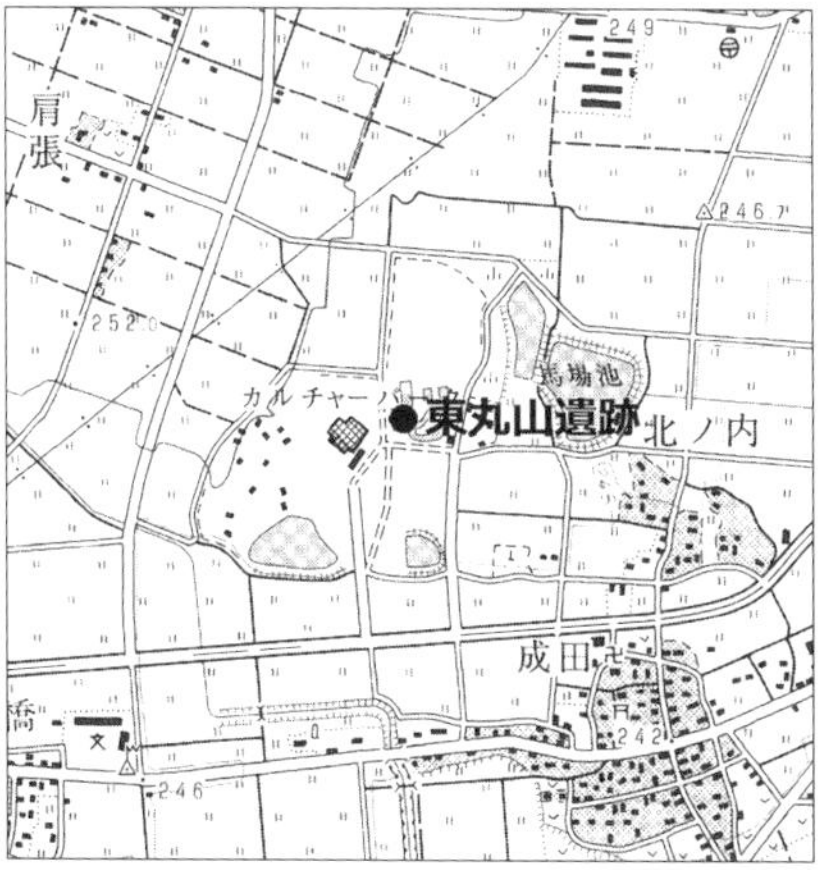

東丸山遺跡の位置
（国土地理院発行　2万5千分の1地形図「郡山西部」使用）

つかった。両者の関係は、円形周溝墓に葬られた人物が、土坑墓の人物よりも上位の立場であったと考えられる。土坑墓は、遺体を埋葬する穴だけの施設である。占有する面積は周溝墓と比べて圧倒的に狭く、墳墓の造作に伴う労力も小さいからだ。

【阿弥陀壇《あみだだん》1号墳《ごうふん》】（柏山町《かしわやままち》）

✝中期前半の大型方墳《ほうふん》

古墳時代の中期前半は、一部例外の地域を除き、古墳の築造が全国的に低調となる。もちろん郡山もそうだ。そのような中で、阿弥陀壇1号墳は異彩を放つ。同古墳は、墳丘《ふんきゅう》の規模が一辺約二五メートルの方墳で、墳丘の高さが一・八メートル以上あることが、発掘調査で確かめられた。この規模は、古墳の築造が低調な中期前半においては、際立って大きいと評価できる。

遺体を埋葬した明確な施設は、調査ではみつからなかった。墳丘盛り土が流失する過程で、失われたのであろう。墳丘盛り土の下層にあたる旧表土《きゅうひょうど》の上面からは、複数の焼け跡がみつかった。盛り土が始まる直前に、火が焚《た》かれていたのである。墳丘の構築に際し、火を用いた祭祀《さいし》や儀礼が行なわれていたことは、各地の古墳で確認されている※。阿弥陀壇1号墳の事例も、そのような祭祀や儀礼の痕跡であろう。現代の地鎮祭に類似した行為と評価できるかもしれない。

周溝《しゅうこう》からは、坩《かん》と呼ばれる土器《どき》が二点出土した。その特徴によって、阿弥陀壇1号墳は

周溝から出土した坩（大安場史跡公園蔵）

中期前半の古墳と判断された。坩は、祭祀で使われることが多いとされる土器の一つである。葬送《そうそう》に伴う祭祀で使用された坩が、周溝に配置されたか、祭祀後に周溝へ投棄、あるいは墳丘の上に残されていたものが転落したのであろう。

※土生田純之『黄泉国の成立』学生社　一九九八年

阿弥陀壇１号墳の位置
（国土地理院発行　２万５千分の１地形図「郡山西部」使用）

【阿弥陀壇古墳群《あみだだんこふんぐん》】（柏山町）

―大型方墳《ほうふん》に寄り添う円墳《えんぷん》群

阿弥陀壇古墳群は、発掘調査が実施された時点では五基《き》の古墳で構成されていた。そのうちの一基が、1号墳とされた古墳時代中期前半の大型方墳である。それ以外は、径一一〜一五メートルほどの円墳である。3号墳と6号墳は、大型方墳に寄り添うように位置する。

円墳群のうち、3号・4号・6号墳では横《よこ》穴式石室《あなしきせきしつ》の存在が確認された。横穴式石室とは、石材を組み立てて構築した遺体埋葬用の部屋と、その部屋への通路からなる埋葬施設である。郡山を含む周辺の地域では、古墳時代の後期後半から終末期にかけて一般的となった。阿弥陀壇古墳群の円墳群は、出土した土器《どき》の特徴などから、終末期の築造と考えられる。

大型方墳と円墳群には、二百年ほどの時期差がある。両者は、大安場古墳《おおやすばこふん》と大安場2〜5号墳で想定したような関係にあったのだろう。円墳群に葬られた人たちは、大型方墳に葬られた人物を、自分たちの始祖と信じていたのだと考えられる。二百年という長い時間を思えば、それは半ば伝説化していたかもし

3号墳・6号墳と大型方墳（郡山市教育委員会提供）

阿弥陀壇古墳群の位置
（国土地理院発行　2万5千分の1地形図「郡山西部」使用）

れない。

周辺からは、円墳群と同じ時期の土坑墓《どこうぼ》が数多くみつかった。東丸山《ひがしまるやま》遺跡《いせき》の円形《えんけい》周溝《しゅうこう》墓《ぼ》と土坑墓で想定した上下の関係が、阿弥陀壇古墳群の円墳と土坑墓の場合にも成立すると考えられる。

【清水台遺跡《しみずだいいせき》】（清水台一丁目）

清水台遺跡は、奈良・平安時代の安積郡役《あさかぐん》所の遺跡として知られている。しかし、郡役所が建設される二百年ほど前の古墳時代中期、この場所には集落と墳墓の営まれていたことが、発掘調査で判明した。集落は、清水台の高台の中ほどに位置する。一方で墳墓は、高台の東側の縁《へり》に近い場所、安積国造神社《あさかくにつこじんじゃけいだい》境内の西側でみつかった。

みつかった墳墓は、周溝墓が二基《き》である。発掘した範囲が狭かったため、全体像は不明である。遺体の埋葬施設はもとより、墳丘《ふんきゅう》も

†周溝墓《しゅうこうぼ》は方形か円形か

完全に失われていた。残っていたのは周溝のみである。周溝の外側のラインが弧状にめぐることから、発掘調査された時点では円形の墳墓と評価された。ただし、内側のラインは直線的にみえ、近年では方形とする意見もある。※規模は小さく、径もしくは一辺が、七〜八メートルほどである。周溝墓からの遺物の出土はなかったが、台地中ほどの集落は、中期前半を中心とする時期のようだ。

郡山の古墳や周溝墓は、方形から円形に変化する。東丸山遺跡《ひがしまるやまいせき》にみられるように、前期

郡役所以前の周溝墓（郡山市教育委員会提供）

後半は方形、中期後半は円形であることが多い。また、阿弥陀壇《あみだだん》1号墳《ごうふん》は、中期前半の方墳であった。このような傾向を踏まえれば、清水台遺跡の周溝墓は、中期前半の方形周溝墓の可能性がありそうだ。

※郡山市文化・学び振興公社編『清水台遺跡　総括報告二〇〇六』郡山市教育委員会　二〇〇七年

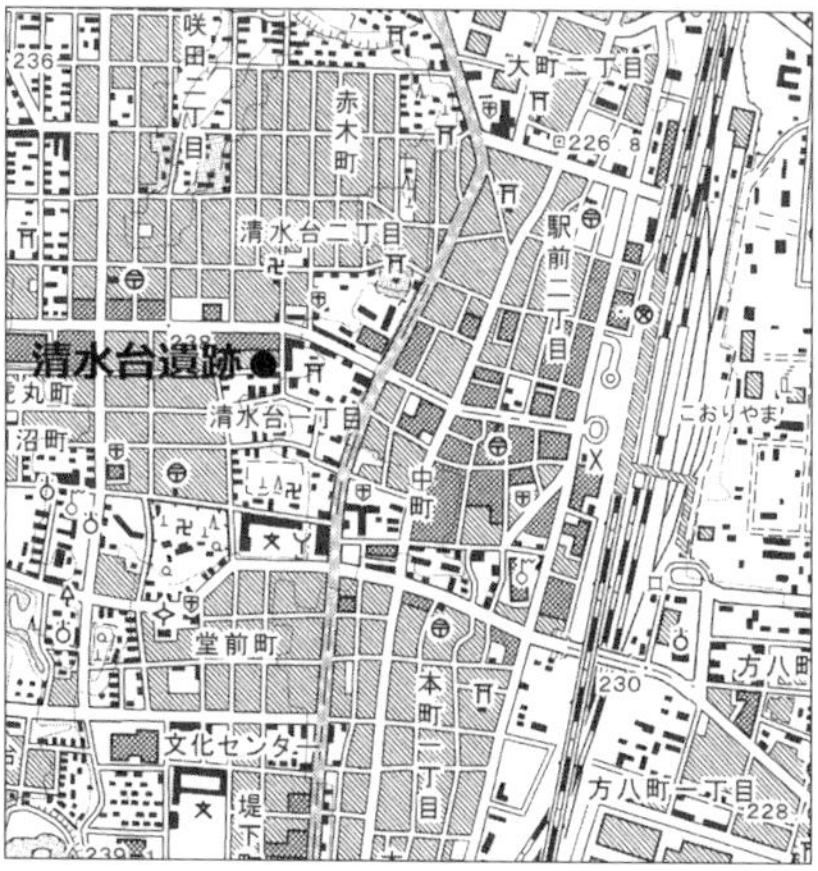

清水台遺跡の位置
（国土地理院発行　2万5千分の1地形図「郡山」使用）

【北山田《きたやまだ》2号墳《ごうふん》】（田村町上行合《かみゆきあい》）

†郡山で最初の前方後円墳《ぜんぽうこうえんふん》

古墳を代表するのは、何といっても前方後円墳である。その出現をもって古墳時代は始まるし、その終焉《しゅうえん》を古墳時代の終わりと評価する研究者は多い。ただし、前方後円墳が造られなくなってからも、しばらくのあいだ古墳は造られるので、その時期を終末期と呼ぶ研究者も少なくない。

このように古墳時代を代表する前方後円墳なのだが、典型的な形の前方後円墳は、郡山では今のところ確認されていない。少しイレギュラーな形のそれがあるのみだ。「イレギュラーな」と言ったのは、一般的な前方後円墳と比べて、前方部が著しく小さいからである。上から見るとホタテ貝のような形なので、帆《ほ》立貝形古墳《たてがいがたこふん》と呼ぶ。北山田2号墳は、郡山に初めて現れた帆立貝形の前方後円墳である。北山田古墳群を構成する古墳の一つで、古墳時代の中期後半に築造された。全長は約二四メートルである。

同古墳では発掘調査が行なわれており、後円部の中ほどから、南と北に二つ並んだ埋葬施設がみつかった。いずれも木製の棺《ひつぎ》をその

ホタテ貝に似た形の北山田２号墳（郡山市教育委員会提供）

北山田２号墳の位置
（国土地理院発行　２万５千分の１地形図「郡山」使用）

まま埋めたタイプである。南側の棺の方が規模が大きく、後円部の中心にあるので、主体となる人物が葬られたと考えられる。北側の棺からは、水晶製の勾玉《まがたま》が一点出土した。埋葬施設からの出土品はこの勾玉のみで、副葬《ふくそう》品《ひん》は貧弱である。

【大善寺古墳群《だいぜんじこふんぐん》】（田村町大善寺）

特徴的な円筒埴輪《えんとうはにわ》が出土

郡山を代表する古墳時代の遺跡である山中《さんちゅう》日照田遺跡《ひでりだいせき》の中に、大善寺古墳群がある。同遺跡の広い範囲に古墳は点在するが、その多くは宅地や農地の開発によって墳丘《ふんきゅう》が失われた。しかし、そのうちの四ヵ所で、古墳時代中期後半の埴輪《はにわ》が採集できる。つまり、埴輪を立て並べた中期後半の古墳が、その場所には存在したのである。埴輪には、筒状の形をした円筒埴輪、人物や動物などをかたどった形象埴輪《けいしょうはにわ》がある。大善寺古墳群で採集できるのは、主に円筒埴輪である。郡山からみつかった埴輪の中では、大善寺古墳群の埴輪が最も古い。

埴輪を立て並べた古墳は、それが無い古墳よりも見た目が立派だ。葬られた人物は、埴輪を持つ古墳の方が有力者だと考えられている。本格的な発掘調査が実施されていないため定かではないが、埴輪が採集できる古墳は、前方後円墳の可能性が高い。ただし、郡山周辺の同じ時期の埴輪を持つ古墳のほとんどが、前方部の短い帆立貝形《ほたてがいがた》であるので、大善寺古墳群も同様であったと考えられる。

円筒埴輪が出土した様子（郡山市教育委員会提供）

大善寺古墳群の位置
（国土地理院発行　2万5千分の1地形図「郡山」使用）

2号墳の試掘《しくつ》調査で出土した円筒埴輪には、最上部にリング状のでっぱりの付く特徴的なものがある。これとよく似た形状の埴輪は、福島県中通り地方などに分布する。これらの円筒埴輪は、同じ技術を持つ工人《こうじん》が作ったと考えられる。※埴輪によって、工人の交流や移動がわかるのである。

※福島県立博物館図録『東国のはにわ』一九八八年

【南山田遺跡《みなみやまだいせき》】

（田村町上行合）

南山田遺跡は、郡山を代表する古墳時代中期後半の遺跡である。竪穴住居《たてあなじゅうきょ》が七八棟みつかっており、隣接する永作遺跡《ながさくいせき》も含めれば、一五〇棟近くになる。郡山における中期後半の中心的な集落であったといえる。

その南山田遺跡では、中期後半の円墳《えんぷん》が一基《き》と円形周溝墓《えんけいしゅうこうぼ》が三基みつかった。これらの墳墓は、集中して墓域を形成することなく、尾根上に点在する。同遺跡の南西側には住宅団地が早くに造成されており、この場所にもかつては集落や墳墓が広がっていたと思われる。

この住宅団地のさらに南西側には、大安場古《おおやすばこ》墳群《ふんぐん》が隣接する。南山田遺跡から大安場古墳群までは、地形的に連続する。大安場2～5号墳は、南山田遺跡でみつかった円墳や円形周溝墓と同じ時期の築造であり、両者は一連の墳墓群であったのかもしれない。

†朝鮮半島系の壺が出土

南山田1号墳は、径約一五メートルの円墳である。その周溝から、把手《とって》の付いた小型の壺が出土した。精巧なつくりの逸品であり、朝鮮半島で生産されたのかもしれないと考えられている。※同様の壺は、西日本からは十数

南山田１号墳から出土した壺（大安場史跡公園蔵）

例がみつかっているものの、東日本では極めて珍しい。倭《わ》の五王《ごおう》の動向に象徴されるように、当時の日本は朝鮮半島や中国大陸との交流が盛んだった。そのような時代を背景に、この壺は郡山まで運ばれてきたのである。

※定森秀夫「東北地方の陶質土器」『京都文化博物館研究紀要　朱雀』第六集　一九九三年

南山田遺跡の位置
（国土地理院発行　2万5千分の1地形図「郡山」使用）

【針生古墳《はりうこふん》】（静町）

†静御前堂《しずかごぜんどう》が墳丘《ふんきゅう》守る

　大槻町周辺には、かつてたくさんの古墳が存在したらしい。そのほとんどは失われてしまったが、幸運にも現在まで残った古墳が、少ないながらも存在する。針生古墳もその一つだ。同古墳は、静御前の伝説を伝える静御前堂の裏にある。寺院や神社の境内《けいだい》は、開発から免《まぬが》れることが多いので、墳丘が削《けず》られなかったのだろう。

　しかし、残されているとはいっても、針生古墳の形は大きく改変されているようだ。現状での規模は、東西が約一四メートル、南北が約一〇メートルで、形は不整な楕円形である。円墳《えんぷん》のように見えるが、東西と南北の規模に差があることもあって、長方形のようにも見える。墳丘の表面に、石材などの目立った露出はない。そのため、遺体を埋葬した施設は、大きな石材を組んで造る横穴式石室《よこあなしきせきしつ》ではなかったと考えられる。郡山周辺の古墳に横穴式石室が一般的になるのは、古墳時代の後期後半以降である。よって、針生古墳は後期前半以前の築造であろう。

　針生古墳の東側には、古墳時代前期の三ツ《みっ》

静御前堂の境内に残る墳丘

針生古墳の位置
（国土地理院発行　２万５千分の１地形図「郡山西部」使用）

坦《だん》古《こ》墳群《ふんぐん》が隣接する。同じく南西側には、古墳時代中期前半の大規模集落である清水内遺《しみずうちい》跡《せき》が近接する。針生古墳そのものの本格的な発掘調査が行なわれていないため、確かなことは不明ながら、両者との関連が気になるところだ。

【柴宮山古墳群《しばみややまこふんぐん》】（大槻町《おおつきまち》）

†奇跡的に残った墳丘《ふんきゅう》

柴宮山古墳群には、針生古墳《はりうこふん》と同じように、開発から免《まぬが》れた古墳がある。今見ることができるのは、径一一～一二メートルの小規模な円墳《えんぷん》である。その墳丘の上いっぱいに、社殿が鎮座《ちんざ》する。この社殿のおかげで、墳丘が削《けず》られることなく残ったのだろう。墳丘のまわりは、駐車場や住宅地になっており、古墳が残ったのは奇跡的である。

社殿があるため十分に観察することはできないが、墳丘の表面に目立った石材の露出はない。針生古墳と同じように、埋葬施設は横《よこ》穴式石室《あなしきせきしつ》ではないようだ。この古墳が築造されたのは、それが一般化する前の古墳時代後期前半以前であろう。古墳群の北西側には中期前半の集落である清水内遺跡《しみずうちいせき》が、南西側には後期前半の集落である太田遺跡《おおたいせき》が近接し、関連が想定できる。

昭和戦前期に作成された図面※には、柴宮山古墳群のあるあたりに、二二基《き》の墳丘の存在が示されている。この図面には「念仏壇」という地名が記されており、同古墳群が、当時は念仏壇と呼ばれていたことがわかる。念仏

住宅地の中に残る墳丘

壇の墳丘分布は、北西から南東方向に広がる。柴宮山付近の地形は、墳丘分布と同じように、丘陵が北西から南東へと続く。この丘陵上に、古墳群が広がっていたと考えられる。今も墳丘が残っている円墳の位置は、古墳群の西の端あたりである。

※垣内和孝「松井綾夫著『安積郡大槻村に於ける遺跡遺物の研究』の紹介と若干の検討」『郡山市埋蔵文化財発掘調査事業団研究紀要』第一号　一九九四年

柴宮山古墳群の位置
（国土地理院発行　2万5千分の1地形図
「郡山西部」使用）

【陣場古墳群《じんばこふんぐん》】（富久山町《ふくやままち》福原）

†明治四四年の開墾《かいこん》で遺物発見

天正《てんしょう》一六年（一五八八）の郡山合戦の際、伊達政宗重臣の片倉小十郎《こじゅうろう》が陣所としたと伝わる場所に、小十郎坦《こじゅうろうたん》と呼ばれる墳丘《ふんきゅう》が残る。その規模は径約二〇メートルで、円墳《えんぷん》と考えられる。墳丘の表面に石材の目立った露出はないので、埋葬施設は横穴式石室《よこあなしきせきしつ》ではないようだ。となれば、築造されたのは古墳時代の後期前半以前であろう。小十郎坦のある陣場には、かつて多くの古墳が存在したとされ、陣場古墳群と呼ばれている。

陣場古墳群から出土したとされる遺物を、郡山市歴史資料館が所蔵している。その遺物を納めた桐箱《きりばこ》は、蓋《ふた》の表に「古代寶玉」と大きく墨書《ぼくしょ》し、蓋の裏には、明治四四年（一九一一）三月に、陣場を開墾した際に出土したとの由来を記す。勾玉《まがたま》・管玉《くだたま》・切子玉《きりこだま》・ガラス小玉《こだま》などといった玉類、金メッキされた耳飾り、刀などの鉄製品《てっせいひん》、古墳時代中期後半から後期前半頃のものとみられる土器《どき》の鉢など、遺物は多種に及ぶ。

ただし注意しなければならないのは、これらの遺物が陣場から出土したことは確かとし

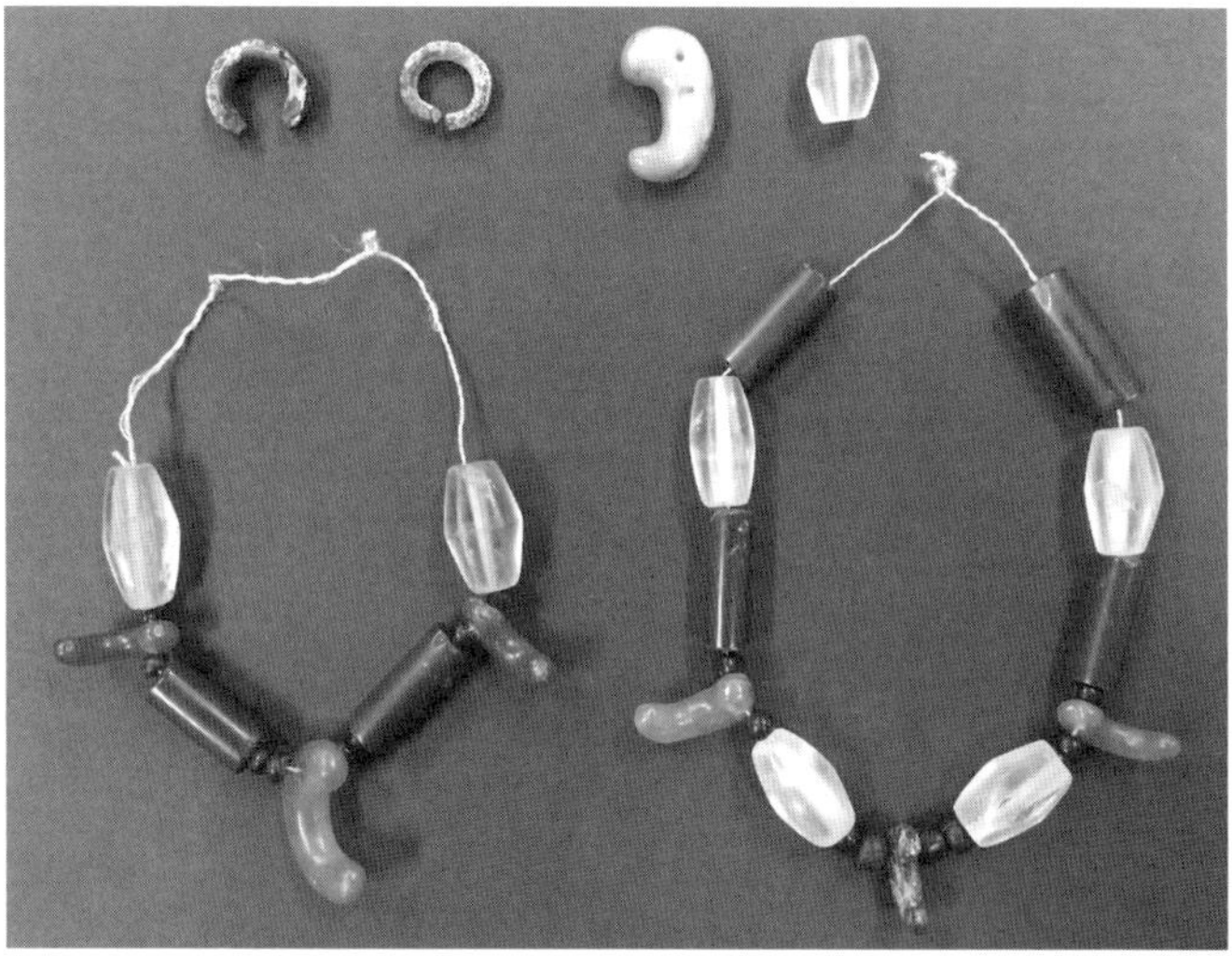

出土したとされる装身具（郡山市歴史資料館蔵）

ても、箱書《はこがき》による限り、それが古墳からの出土であったとは断定できないことだ。装身具《そうしんぐ》や鉄刀《てっとう》などは後期から終末期古墳の副葬品《ふくそうひん》である可能性が高いが、一基《き》の古墳から全てが出土したとは限らない。複数の古墳や、古墳以外からの出土品が混ざっている可能性がある。

陣場古墳群の位置
（国土地理院発行　2万5千分の1地形図「郡山」使用）

【守山城三《もりやまじょうさん》の丸《まる》1号墳《ごうふん》】

（田村町守山）

城跡からみつかった有力古墳

郡山市で唯一の石垣がある城として知られる守山城から、古墳時代後期後半の古墳が発掘調査でみつかった。それまで古墳の存在は全く想定されていなかったので、驚きの調査成果であった。守山城三の丸の普請《ふしん》の際に、古墳は大きく壊されており、周溝《しゅうこう》と横穴式石室《よこあなしきせきしつ》の一部が残るのみであった。

横穴式石室のある主丘部《しゅきゅうぶ》は円形で、径約二〇メートルの規模である。現状では円墳《えんぷん》だが、失われてしまった部分に前方部《ぜんぽうぶ》が存在した可能性は高い。その場合、全長三〇メートル級の規模を持つ前方後円墳《ぜんぽうこうえんふん》と推測できる。横穴式石室からは、玉類や耳飾りといった装身具《そうしんぐ》、死者への供物《くもつ》を載《の》せたとみられる長い脚《あし》の付いた須恵器《すえき》などが出土した。周溝からは、墳丘《ふんきゅう》の上に並べられていたとみられる円筒埴輪《えんとうはにわ》の破片などが出土した。

古墳の規模、副葬品《ふくそうひん》の内容、埴輪の存在などは、守山城三の丸1号墳が、古墳時代後期後半の郡山において、最有力な古墳の一つであることを物語る。前期から中期まで、阿武隈川東岸域で最有力だったのは、大善寺や上《かみ》

守山城三の丸１号墳の主丘部（郡山市教育委員会提供）

行合《ゆきあい》を基盤とした勢力であった。後期になり、それが変動した可能性がある。今のところ、守山城三の丸１号墳を前後する時期の有力な古墳は、近くでみつかっていない。しかし、守山城の範囲内に、失われてしまった古墳が、他にも存在したかもしれない。

守山城三の丸１号墳の位置
（国土地理院発行　２万５千分の１地形図「須賀川東部」使用）

【麦塚古墳《ばぐづかこふん》】（大槻町）

多くの形象埴輪《けいしょうはにわ》が出土

田村町の守山城三《もりやまじょうさん》の丸《まる》1号墳《ごうふん》が、古墳時代後期後半の阿武隈川東岸域を代表する古墳とすれば、同じ時期の西岸域を代表するのは、大槻町の麦塚古墳である。同古墳は、全長約二七メートルの前方後円墳《ぜんぽうこうえんふん》、埋葬施設は横穴《よこあな》式石室《しきせきしつ》で、墳丘《ふんきゅう》には埴輪《はにわ》が立て並べられていた。阿武隈川の東西両岸域に、同程度の古墳が併存したことになる。

　麦塚古墳が守山城三の丸1号墳と大きく異なる点は、多くの種類の形象埴輪が出土したことである。形象埴輪とは、人物や動物などを模《も》して作った埴輪のことで、儀式や葬送《そうそう》などの様子を再現して古墳に並べられたとも考えられている。※麦塚古墳から出土した形象埴輪は破片が多く、全体像を復元できる個体はないが、人物・馬・家などが確認できる。埴輪の他にも、刀や鏃《やじり》などの鉄製品《てっせいひん》、金メッキされた耳飾りなどが出土した。古墳の名称である麦塚は、本来は馬具塚であったとみられ、もちろん確認はできないが、かつて馬具の出土があったのかもしれない。

　麦塚古墳の周辺には、三ツ坦古墳群《みつだんこふんぐん》や柴宮《しばみや》

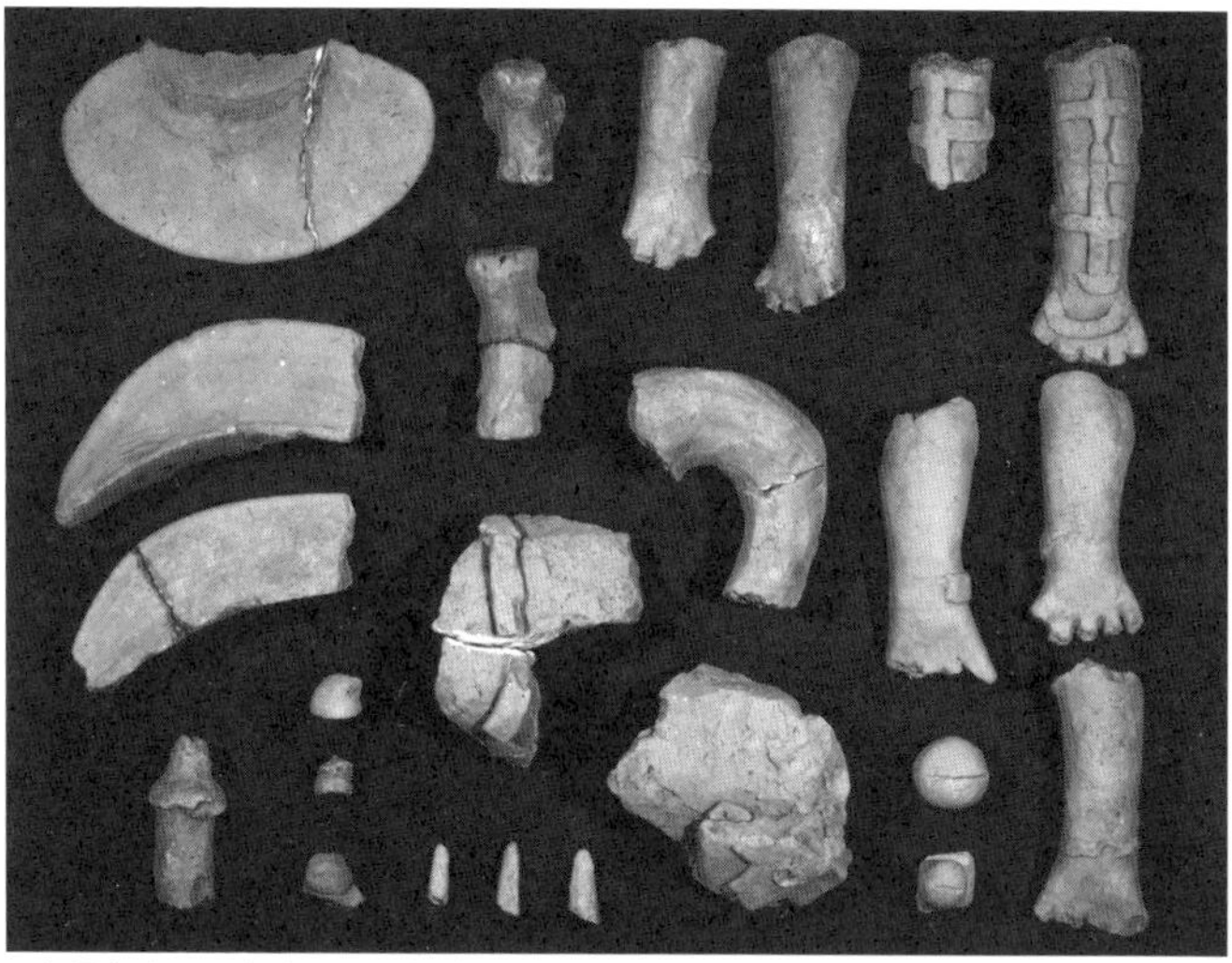

麦塚古墳から出土した形象埴輪（大安場史跡公園蔵）

山《やま》古墳群《こふんぐん》・針生《はりう》古墳《こふん》などといった前期から後期前半頃とみられる古墳が、比較的近接して所在する。となれば、この周辺の地域を基盤とした勢力が、古墳時代を通じて存在し、阿武隈川西岸域の中心的な立場にあったと想定できるだろう。

※大塚初重『埴輪』ニュー・サイエンス社　一九八五年

麦塚古墳の位置
（国土地理院発行　2万5千分の1地形図「郡山西部」使用）

【妻《さい》見《み》塚《づか》古《こ》墳《ふん》群《ぐん》】

（田村町手代木《てしろぎ》）

†横穴式石室《よこあなしきせきしつ》の石材が露出

郡山の古墳の中で、早い時期に横穴式石室を埋葬施設としたのは、麦塚古墳《ばぐづかこふん》や守山城《もりやまじょう》三《さん》の丸《まる》1号墳《ごうふん》といった有力な古墳である。これらの古墳には、地域を代表するような立場の人物が葬られた。それ以外の小規模な古墳の埋葬施設が横穴式石室になるのは、やや遅れると思われる。妻見塚古墳群は、そのような古墳群である。

妻見塚古墳群では、明確な墳丘《ふんきゅう》のある円墳《えんぷん》が現況で八基《き》確認でき、その他に古墳の可能性のある高まりが三ヵ所ある。三ヵ所の全てが古墳ではないにしても、一〇基前後の円墳によって、同古墳群は構成されていたと考えられる。その規模は、最も大きい円墳で径約一二メートル、小さいものでは径約六メートル前後である。最も規模が大きい円墳では、横穴式石室の石材が露出し、その中には天《てん》井石《じょういし》とみられる大きな石材も含まれる。

本格的な発掘調査が実施されたことがないため、築造の時期は不明だが、郡山周辺の地域で横穴式石室が一般的となる後期後半以降であろう。谷を挟み、妻見塚古墳群の北東に

古墳群で最も大きな円墳

近接して、鴨打《かもうち》A遺跡《いせき》がある。同遺跡は、縄文時代中期から後期の遺跡として著名だが、古墳時代後期から終末期の集落もみつかっている。この集落に暮らしていた人たちの墓域として、妻見塚古墳群が造営された可能性がある。

妻見塚古墳群の位置
(国土地理院発行 2万5千分の1地形図「郡山」使用)

【渕《ふち》の上《うえ》1号墳《ごうふん》】（笹川二丁目）

驚くばかりの優品が出土

前方後円墳《ぜんぽうこうえんふん》が造営されなくなってからも、各地で古墳は造られ続けた。そのような時期を、古墳時代終末期と呼ぶ。郡山にある終末期の古墳の中で、今のところ最も有力な古墳と考えられるのが、渕の上1号墳だ。径約二〇メートルの円墳で、埋葬施設は横穴式石室《よこあなしきせきしつ》である。築造された時期は、終末期の前半である。

発掘調査された時点で、墳丘《ふんきゅう》はすでに失われ、横穴式石室は基底部《きていぶ》付近の石材が残るのみであったが、副葬品《ふくそうひん》として、驚くばかりの優品が出土した。頂部に突起が付く特異な形の冑《かぶと》、金メッキされた装飾の付く鉄刀《てっとう》などである。特異な形の冑は、他に似た例が少ない希少品で、東日本では群馬県などに認められる。近年の研究により、朝鮮半島系の技術で作られたことが判明した。※装飾の付く鉄刀は、主に儀式に際して使われたとみられ、中央の政治勢力から贈られた品である。

阿武隈川の西岸域では、後期後半までの古墳は、散在はしながらも、大槻町の周辺に集まっていた。特に、麦塚古墳《ばぐづかこふん》は西岸域を代表

復元された特異な形の冑（大安場史跡公園蔵）

するような立場にあった人物の墳墓と想定できる。ところが渕の上1号墳は、そこからは離れた阿武隈川沿いに造られた。古墳時代が後期から終末期へと移行する中で、地域の在り方に、変動のあった可能性がある。

※横須賀倫達「渕の上1・2号墳出土遺物の調査と研究」『福島県立博物館紀要』第二三号　二〇〇九年

渕の上１号墳の位置
（国土地理院発行　2万5千分の1地形図「郡山」使用）

【蝦夷穴横穴墓群《えぞあなよこあなぼぐん》】

（田村町小川《こがわ》）

†郡山市では珍しい横穴墓

古墳といえば、周りに溝《みぞ》を掘り、その溝の内側に盛り土をして築いた塚状のタイプが一般的である。ところが、古墳時代の後期後半から終末期にかけて、塚状にはならないタイプの墳墓が出現する。崖面に、横方向に穴を掘って部屋を造り、そこに遺体を埋葬する横穴墓だ。各地でたくさん造られたが、分布には偏りがある。郡山は、横穴墓がほとんどない地域の一つである。確かな例は、蝦夷穴横穴墓群ぐらいだ。

横穴墓は一三基《き》確認されており、そのうちの12・13号横穴墓が発掘調査された。12号からは、鉄刀《てっとう》が一振《ふり》と刀子《とうす》・鏃《やじり》といった鉄製品《てつせいひん》、ガラス製の小玉《こだま》が出土した。13号からは、鉄刀が三振と鉄製の刀子、ガラス製の小玉がみつかった。12号の鉄刀は、柄頭《つかがしら》に方形の飾りが付く。13号のうちの一振には、鐔《つば》などに銀《ぎん》象嵌《ぞうがん》の模様が描かれていた。

未調査である1～11号横穴墓の詳細が不明だが、現状では副葬品《ふくそうひん》に鉄刀が目立ち、蝦夷穴横穴墓群の特徴といえる。武器である鉄刀が出土したことから、葬られた人物に、男性

崖面に開口部が並ぶ蝦夷穴横穴墓群（郡山市教育委員会提供）

が含まれることは確実だ。同横穴墓群が造営された終末期は、後の律令《りつりょう》国家につながる中央政権の影響力が、地方に強く及んだ時期である。中央の政権に組織化された武人《ぶじん》の墳墓として、蝦夷穴横穴墓群は造営されたと考えられる。

蝦夷穴横穴墓群の位置
(国土地理院発行　2万5千分の1地形図「郡山」使用)

【烏台古墳群《からすだいこふんぐん》】（日和田町《ひわだ》高倉）

古墳が造られるのは、周りに農地として利用可能な平地の広がる地域であることが多い。郡山市では、田村町や大槻町周辺に多くの古墳がある。その一方で、西田町や中田町、熱海町や逢瀬町といった山沿いの地域には、今のところ確かな古墳は認められない。北部の日和田町には、農地として利用可能な平地があるものの、遺跡として登録された古墳群は存在しない。

しかし、日和田郷土史会による近年の調査で、日和田町高倉の丘陵上の山林に、古墳群の存在することが確かめられた。※烏台古墳群である。この古墳群は、一九七五年に刊行された『郡山市史』第一巻などに、「高倉古墳群」として記載されていたが、その後長く忘れられていた。

†郷土史会の調査で再発見

日和田郷土史会の調査によれば、古墳群は一五基《き》の円墳《えんぷん》からなり、規模は径六メートル前後の小さなものがほとんどだが、径一〇メートル前後の大きなものも二基存在する。そのうちの一基は、横穴式石室《よこあなしきせきしつ》が良好な状態で残る。その他の古墳の多くも、墳丘《ふんきゅう》表面に石

良好な状態で残る横穴式石室の奥壁と側壁

材の露出が見られ、埋葬施設は横穴式石室のようだ。発掘調査は実施されていないが、墳丘や横穴式石室の特徴から、終末期の築造と考えられる。周辺には、今のところ古墳時代の遺跡はみつかっていない。烏台古墳群を造営した集団の集落発見が、今後の課題の一つである。

※日和田郷土史会編・発行『日和田町の中世供養塔付　古墳と塚』二〇一〇年

烏台古墳群の位置
(国土地理院発行　2万5千分の1地形図「郡山」使用)

【北《きた》ノ山《のやま》壇《だん》古《こ》墳《ふん》群《ぐん》】

（大槻町）

失われた大古墳群

かつて大槻町に大規模な古墳群が存在したことは、たびたび言及されてきたが、その実態は不明確であった。ところが、昭和戦前期に大槻町周辺の墳丘《ふんきゅう》※分布を記録した図面が、一九九四年に紹介されたことで、古墳の分布状況がある程度まで明らかになった。

同図には、三ツ坦古墳群《みつだんこふんぐん》・阿弥陀壇古墳群《あみだだんこふんぐん》・針生古墳《はりうこふん》・柴宮山古墳群《しばみややまこふんぐん》などの位置がおおむね正確に記録されていた。となれば、その他の古墳についても、存在を認めてよいと判断できる。同図の中で、最も古墳が集中するのは、「北ノ山壇」とされた古墳群で、その総数は七三基《き》である。その北東側に隣接する「西宮壇」には二〇基、そのさらに北東側の「蝦夷壇」には九基の墳丘があったとされる。このうちの蝦夷壇では、福良沢遺跡《ふくらざわいせき》の発掘調査で終末期の円墳《えんぷん》がみつかった。

北ノ山壇を現行の地名表示で表すと、大槻町字新池下・久助林・御花畑・北ノ山となる。現在ではほぼ宅地化し、古墳群の存在はうかがえない。七三基という数字が実数であれば、郡山市では最も規模の大きな古墳群となる。

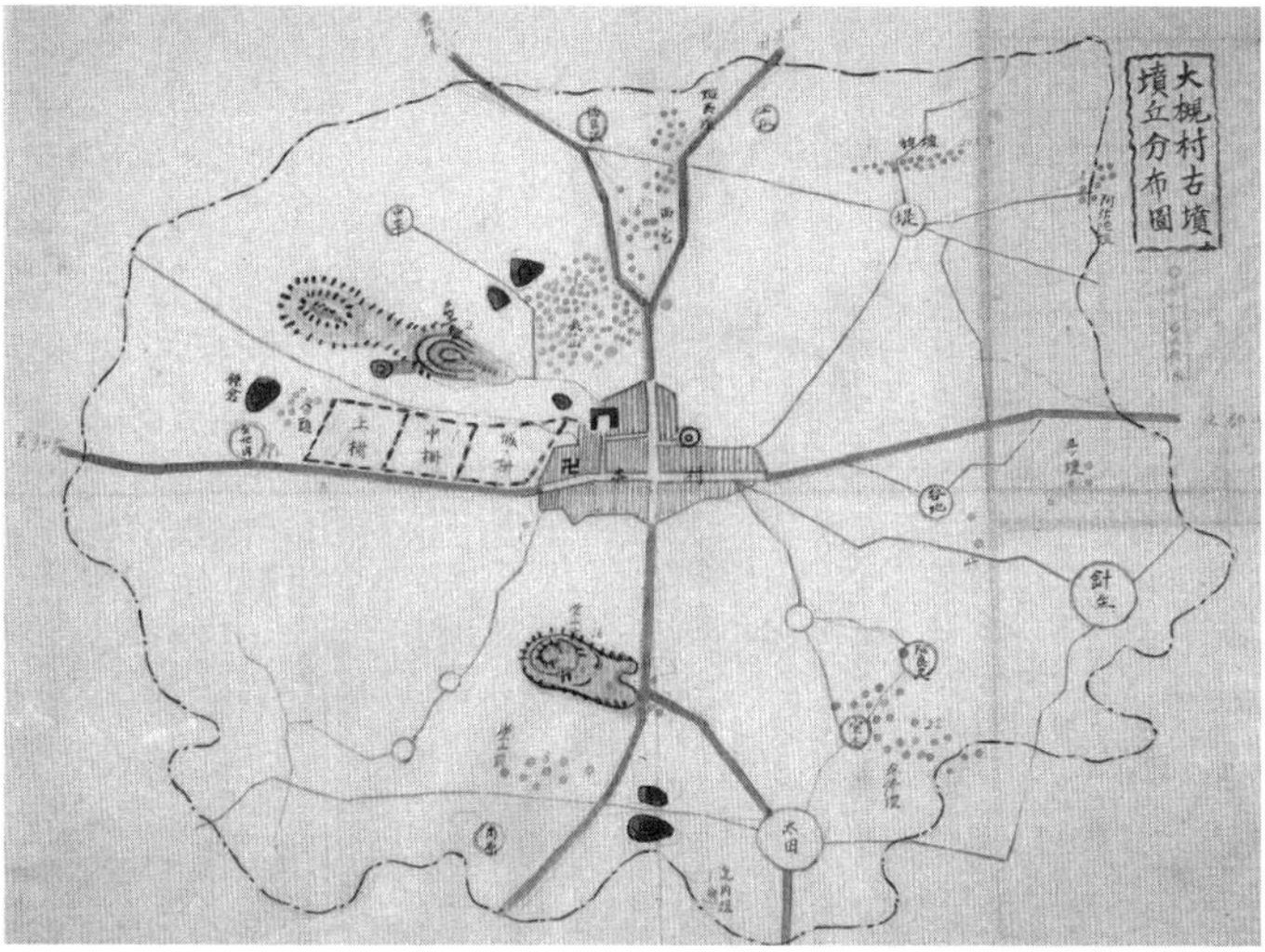

墳丘分布を記録した図面（個人蔵）

墳丘が多数群集する様相は、終末期の造営であることを物語る。大槻町の旧家には、古墳出土とされる遺物や、明治期の開墾《かいこん》でみつかった横穴式石室《よこあなしきせきしつ》の絵図などが所蔵されている。ただしそれらは、北ノ山壇古墳群とは直接的には結び付かないので注意が必要だ。

※垣内和孝「松井綾夫著『安積郡大槻村に於ける遺跡遺物の研究』の紹介と若干の検討」『郡山市埋蔵文化財発掘調査事業団研究紀要』第一号　一九九四年

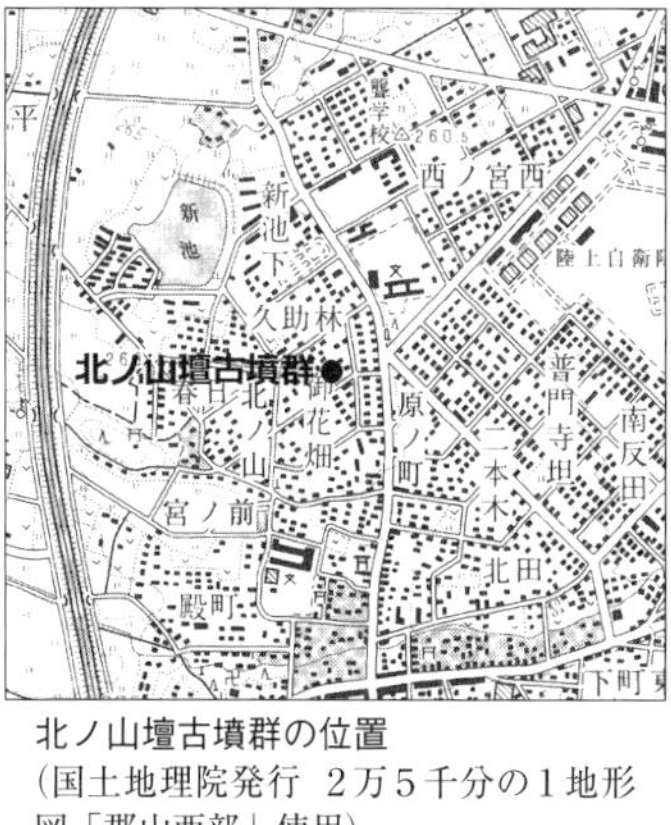

北ノ山壇古墳群の位置
（国土地理院発行　2万5千分の1地形図「郡山西部」使用）

【蒲倉古墳群《かばのくらこふんぐん》】（蒲倉町）

†古墳時代の終焉《しゅうえん》を象徴する古墳群

郡山市立美術館東側の山林に、蒲倉古墳群はある。墳丘《ふんきゅう》の多くは裾を接するように群集するが、墳丘がまばらな場所もあるので、いくつかのグループに分かれるようである。現在確認できるのは七一基《き》で、全て円墳《えんぷん》である。規模は径約一一メートルの5号墳が最大で、それ以外は径一〇メートルに満たない。埋葬施設は横穴式石室《よこあなしきせきしつ》がほとんどだが、横穴式石室が退化したとみられる小石室も認められる。

部分的な調査も含めれば、これまでに二七基が発掘調査の対象となった。副葬品《ふくそうひん》には刀や鏃《やじり》などといった鉄製品《てつせいひん》が多い。周溝《しゅうこう》からは、儀礼に使われたとみられる土器《どき》が出土した。多くの古墳で、追葬《ついそう》が行なわれたようである。埋葬に際して、火を焚《た》いた痕跡も確認された。終末期後半の築造とみられるが、周溝などから出土した土器には、奈良時代のものが多い。

阿武隈川を挟んだ対岸には、古代安積郡《あさかぐん》の郡役所とされる清水台遺跡《しみずだいいせき》がある。同遺跡は、終末期後半に役所として機能しはじめており、蒲倉古墳群の造営時期と重なる。郡役所の建設にたずさわり、官人《かんじん》となった人たちの墳墓

5号墳の横穴式石室（郡山市教育委員会提供）

蒲倉古墳群の位置
（国土地理院発行　2万5千分の1地形図「郡山」使用）

として、同古墳群が造営された可能性がある。奈良時代の土器が出土するのは、彼らの子孫が追葬された際に行なわれた儀礼の痕跡であろう。蒲倉古墳群は、古墳時代の終焉を象徴する存在である。

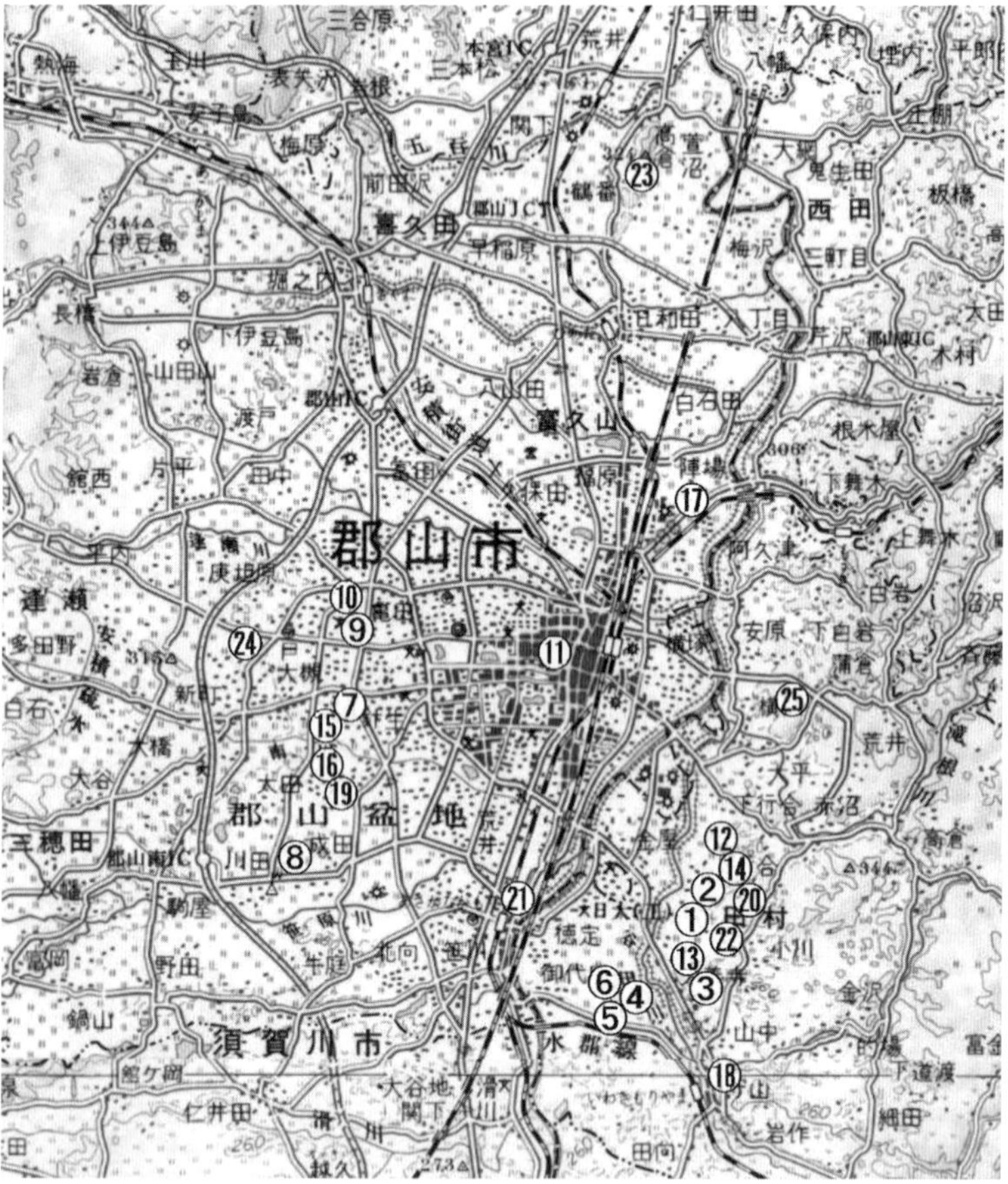

郡山市内の主な古墳の分布
(国土地理院発行 20万分の１地勢図「福島」「白河」使用)
①大安場古墳　②大安場２～５号墳　③山中日照田遺跡　④正直35号墳　⑤正直古墳群　⑥正直27号墳　⑦三ツ坦古墳群　⑧東丸山遺跡　⑨阿弥陀壇１号墳　⑩阿弥陀壇古墳群　⑪清水台遺跡　⑫北山田２号墳　⑬大善寺古墳群　⑭南山田遺跡　⑮針生古墳　⑯柴宮山古墳群　⑰陣場古墳群　⑱守山城三の丸１号墳　⑲麦塚古墳　⑳妻見塚古墳群　㉑渕の上１号墳　㉒蝦夷穴横穴墓群　㉓鳥台古墳群　㉔北ノ山壇古墳群　㉕蒲倉古墳群

付編　倭《わ》の五王《ごおう》の時代の郡山　―交流の世紀―

約四百年間続いた古墳時代のうち、四世紀末から五世紀が中期にあたる。この時代は、後に倭の五王と呼ばれることになる大王《だいおう》が活躍し、中国大陸や朝鮮半島との交流が盛んであった。

倭の五王とは、倭国を束ねた讃《さん》・珍《ちん》・済《せい》・興《こう》・武《ぶ》という五人の歴代の大王のことを指す。その一人である倭王武《わおうぶ》（雄略《ゆうりゃく》天皇）※が、中国の王朝に出した上表文《じょうひょうぶん》は、よく知られている。奈良県や大阪府には、倭王武をはじめとする大王の巨大な古墳が造られ、北端と南端を除く列島に、古墳文化が広がった。一方で古墳時代の中期は、変革の時代でもあった。

※倭の五王の歴代をどの天皇に比定するかは諸説あり定まっていないが、倭王武を雄略天皇とすることは大方の賛同を得ている。

讃
珍
済
興
武

「宋書」にみる倭の五王の略系図

応神―仁徳
履中
反正
允恭
安康
雄略

「記紀」にみる天皇の略系図

住居【炉《ろ》から竈《かまど》へ】

古墳時代の人々は、四角く地面を掘り窪めて床とし、そこに柱を立てて屋根をかけた構造の竪穴住居《たてあなじゅうきょ》に暮らしていた。古墳時代中期の前半までは、床には炉が造られていて、調理をしたり、暖や明かりをとったりするのに使っていた。

ところが中期の後半になると、竪穴住居の壁に、竈を造り付けるようになる。竈には、鍋として使われた土器《どき》が据《す》え付《つ》けられていた。その鍋の上には、蒸《む》し器《き》として使われた土器を載《の》せ、食べ物を調理した。壁に造り付けられた竈は動かすことができず、立体的で大きな構造物である。竪穴住居の中での生活のスタイルは、大きく変化したと予想できる。

出現期の竈を持つ竪穴住居
（南山田遺跡　郡山市教育委員会提供）

土器【食器の変化】

竪穴住居の壁に竈が造り付けられるようになるのと同じ古墳時代中期の中頃に、食器が変化する。それ以前の中期の前半までの食器は、食べ物を盛る部分に脚《あし》が付いた高坏《たかつき》と呼ばれる土器が中心であった。食べ物を盛った高坏を前に置いて、人々は食事をしていたと考えられる。

ところが、古墳時代中期の後半になると、高坏の数が少なくなる。脚の付かない坏《つき》や椀《わん》と呼ばれる土器が、一般的となる。今の私たちと同じように、各人が坏や椀を手に持ち、食事をするようになったと考えられる。また、鍋として使われた土器の形が、竈に据え付けやすいように、胴の部分が縦長になりはじめる。

古墳時代中期の土器
(清水内遺跡・南山田遺跡出土　郡山市教育委員会蔵
大安場史跡公園平成30年度企画展「倭の五王の時代の郡山」展示)

集落【集住と断絶】

古墳時代の集落は、竪穴住居の集合した姿となるのが普通である。郡山市の周辺では、古墳時代中期の集落の特徴として、大規模な集落の出現が上げられる。規模が大きいというのは、集落を構成する竪穴住居の数が多い、ということである。特徴の二つめとして、竪穴住居の規模の違いが、顕著になることがある。規模の大小は、住人の数や身分を反映すると考えられる。

　また、竈の出現や食器の変化と同じ頃に、集落の多くが断絶する。中期前半の集落は後半に続かず、後半には別の場所で集落がつくられる。その後半の集落も、次の後期には続かない。中期後半の集落は、前後の時代との継続性の低さが特徴である。

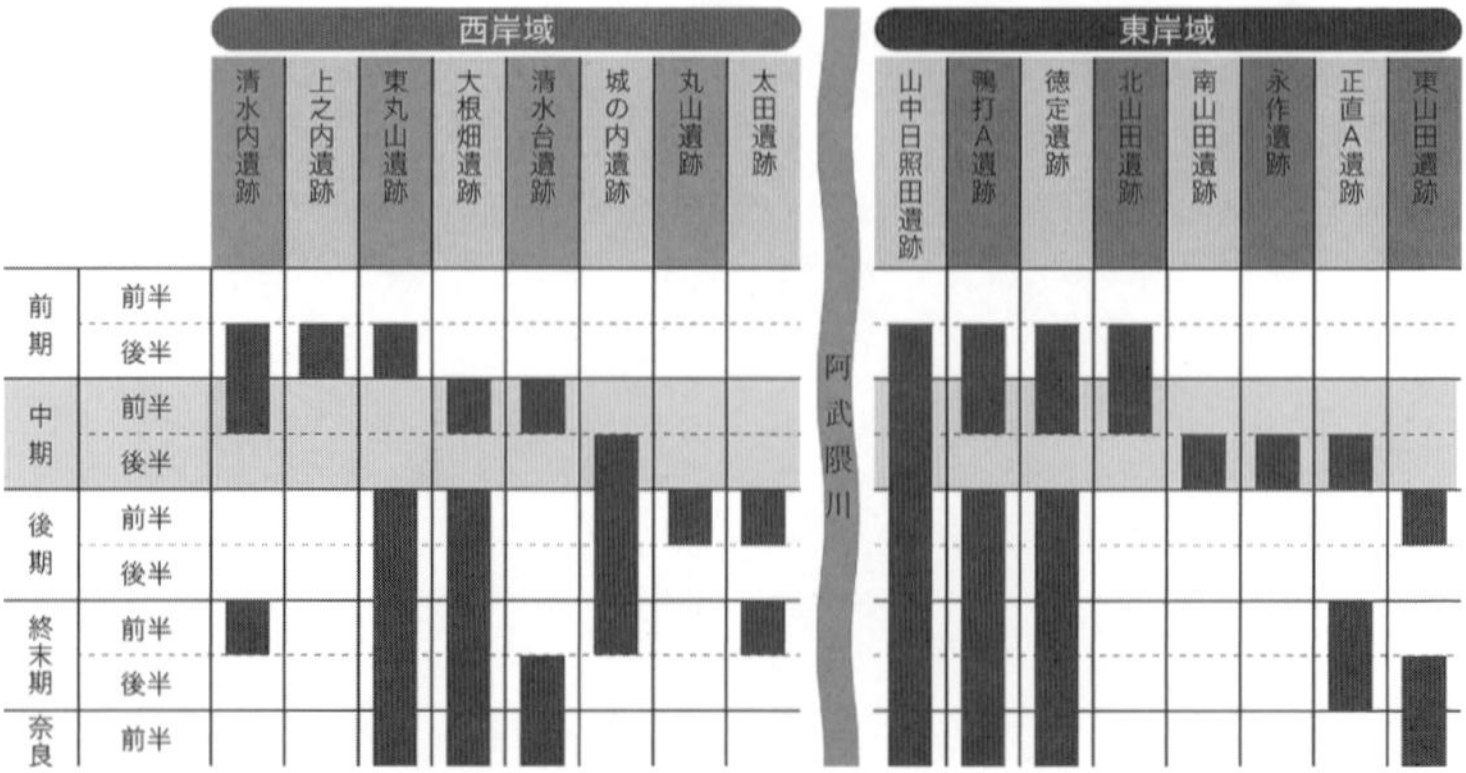

郡山市内の主な古墳時代集落の変遷
（大安場史跡公園平成30年度企画展パンフレット『倭の五王の時代の郡山』より転載）

古墳【低調と隆盛】

古墳時代中期に政治的な中心であった奈良県や大阪府では、巨大な規模の古墳が数多く造られた。一方で地方に築かれた古墳は、例外的な地域を除けば小規模になる。ヤマト政権やヤマト王権と呼ばれる政治勢力の基盤が、強固になった結果と考えられる。倭の五王の活躍は、その表れの一つである。

古墳時代中期の前半に造られた古墳は、郡山市の周辺では数が非常に限られている。古墳時代前期の後半に、大規模な前方後方墳《ぜんぽうこうほうふん》である大安場《おおやすば》古墳《こふん》を築いた田村町ですら、例外ではない。その一方で中期の後半になると、古墳の数は一転して増加する。ただし、造られた古墳の規模は、その多くが小さなものであった。

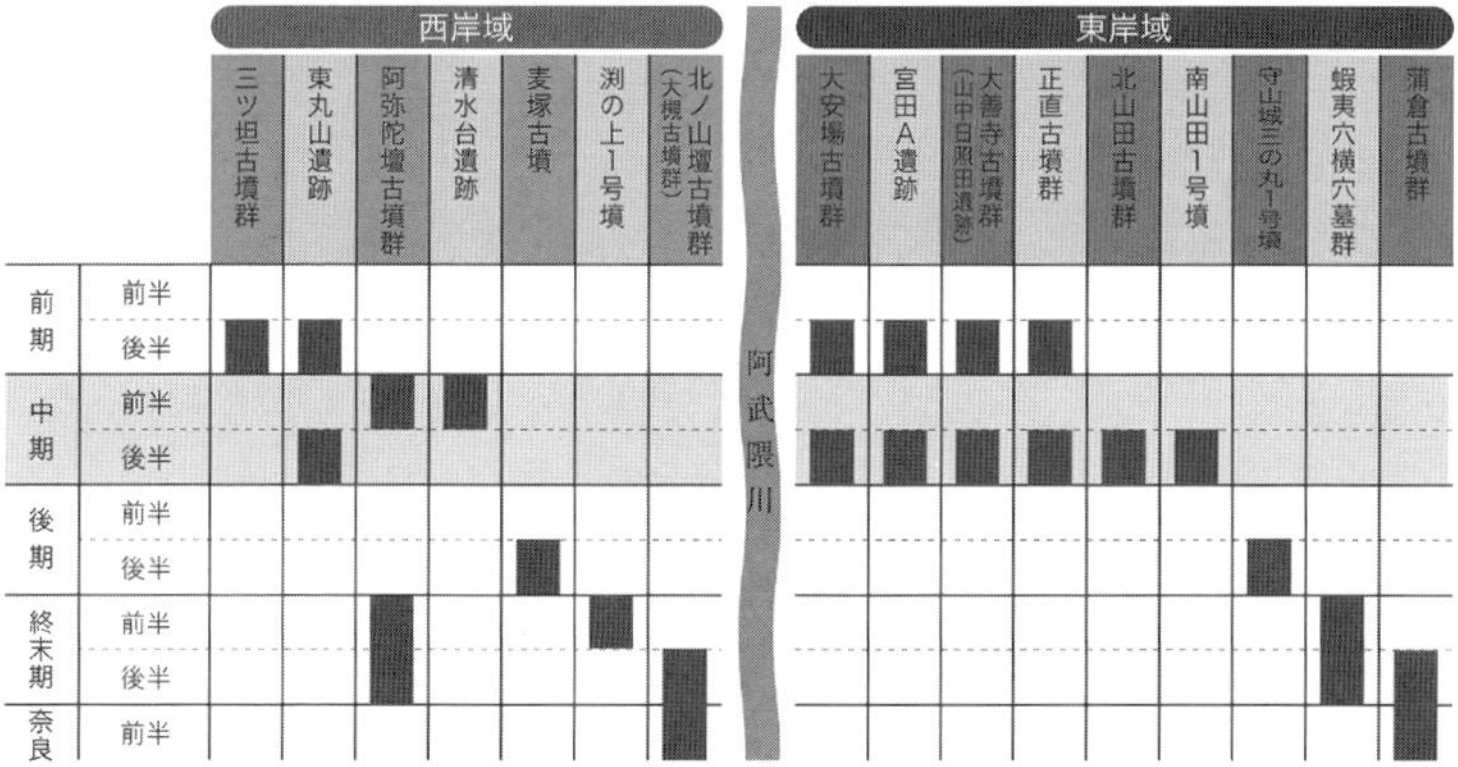

郡山市内の主な古墳の変遷
（大安場史跡公園平成30年度企画展パンフレット『倭の五王の時代の郡山』より転載）

埴輪《はにわ》【工人《こうじん》の移動】

古墳の数が増加する古墳時代中期の中頃には、郡山市周辺の古墳でも、埴輪が立て並べられるようになる。埴輪というと、人物や動物などをかたどった形象埴輪《けいしょうはにわ》を思い浮かべがちだが、丸い筒状の形をした円筒埴輪《えんとうはにわ》は、地味な存在ながら、多くのことを教えてくれる。

円筒埴輪には同じ特徴を持つものがあり、それらは同一の工人が作ったと考えられている。福島県中通り地方には、同じ特徴を持つ円筒埴輪が南北に分布する。※南北方向の交流が、盛んに行なわれていた証《あか》しである。南北の交通路は、北関東などを経て、古墳時代中期の政治的な中心であるヤマトにつながっていた。

※福島県立博物館図録『東国のはにわ』一九八八年

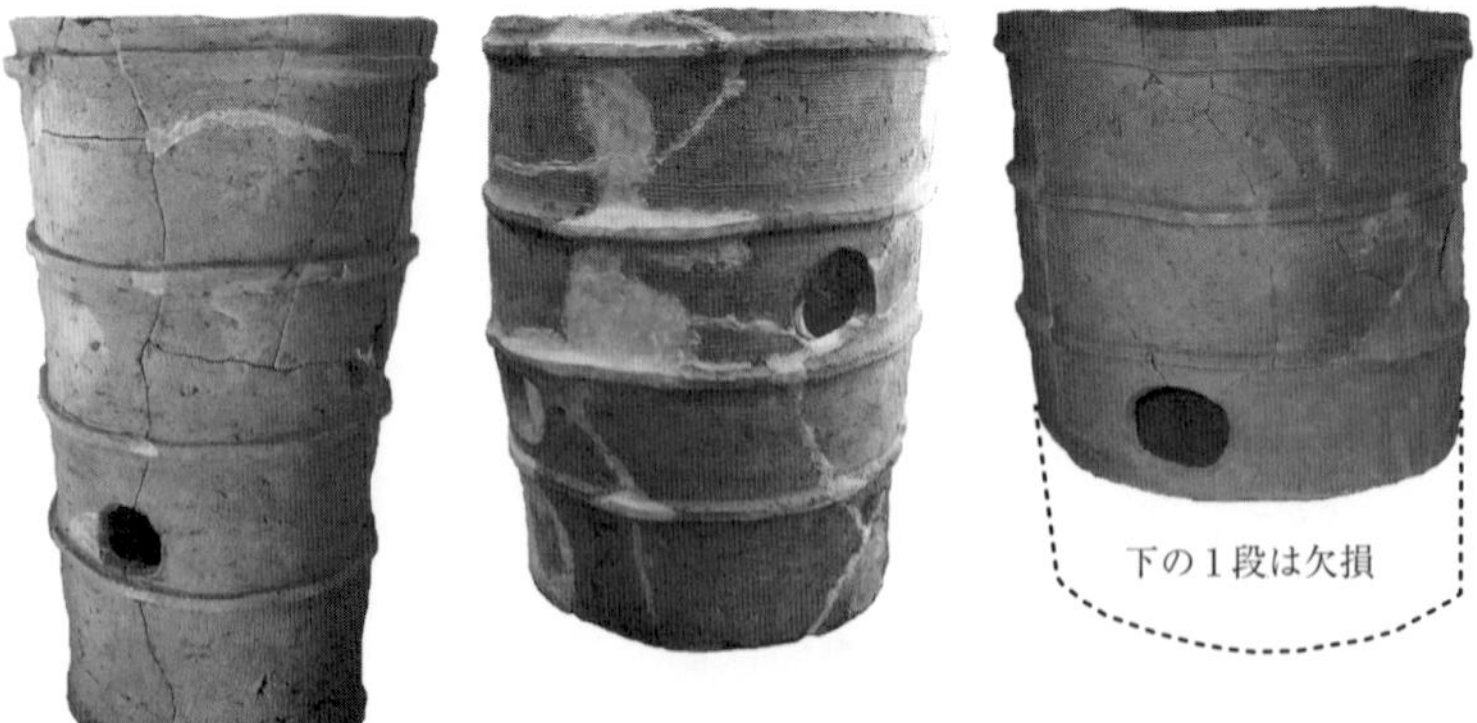

最上部に凸帯のある中通り地方の円筒埴輪
（左：天王壇古墳出土　本宮市立歴史民俗資料館蔵
中：国見八幡塚古墳出土　国見町文化財センター蔵
右：大善寺２号墳出土　郡山市教育委員会蔵）

祭祀《さいし》【神々と祖先】

古墳時代の中期を特徴付ける遺物の一つに、石製模造品《せきせいもぞうひん》がある。その名が示すように、鏡や剣・小刀などを模《も》して、主に滑石《かっせき》という軟らかな石材で作られた小型の製品である。ほとんどは実用品ではなく、神々や祖先をまつる祭祀、死者の埋葬などに際して使われた。特徴的な石製模造品の中には、円筒埴輪と同じく、中通り地方を南北に分布しているものがある。

大槻町の清水内遺跡《しみずうちいせき》からは、溝《みぞ》と塀《へい》で区画された祭祀のための空間がみつかった。小河川が区画の一辺となっており、水に関する祭祀が行なわれていたようである。

古墳時代の中期は、祭祀の方法が整った時代と考えられている。※

※笹生衛『神と死者の考古学』吉川弘文館　二〇一五年

溝と塀で区画された祭祀の空間
(清水内遺跡　郡山市教育委員会提供)

交流【列島と半島】

ヤマトの影響力は、列島の広い範囲に及んだ。ヤマトから遠く離れた秋田県や岩手県でも、古墳時代中期の遺跡がみつかっている。岩手県奥州市の角塚古墳《つのづかこふん》や中半入遺跡《なかはんにゅういせき》は、特に有名である。中半入遺跡から出土した土器には、現在の大阪府で生産された製品があり、これと同様の土器が、郡山市の遺跡からも出土している。

古墳時代中期の倭国《わこく》では、まだ鉄が生産されておらず、鉄資源を朝鮮半島に依存していた。倭の五王は、その朝鮮半島での影響力を確かなものとするため、中国の王朝に使者を派遣した。半島に由来する文物が列島の各地で認められるのは、そのことと無関係ではない。須恵器《すえき》と呼ばれる灰色で硬い土器や、鉄を鍛《きた》えるための鍛冶《かじ》の技術、竪穴住居の竈などがその代表例である。須恵器や鍛冶や竈は、朝鮮半島から伝えられた先端技術であった。

大槻町の清水内遺跡からは、半島で使われていたような算盤玉《そろばんだま》の形をした糸作りの重りが出土した。同遺跡でみつかった集落に、半島から渡来《とらい》した人物か、その子孫の住んでいたことが考えられる。

田村町の南山田遺跡《みなみやまだいせき》からは、半島で生産された可能性のある焼き物が出土した。把手《とって》の付いたコーヒーカップのような形の小さな壺で、非常に精巧なつくりの品である。

半島とのつながりは、私たちが想像する以上に強かったのかもしれない。

中半入遺跡出土の須恵器
(奥州市教育委員会蔵　岩手県文化振興事業団埋蔵文化財センター提供)

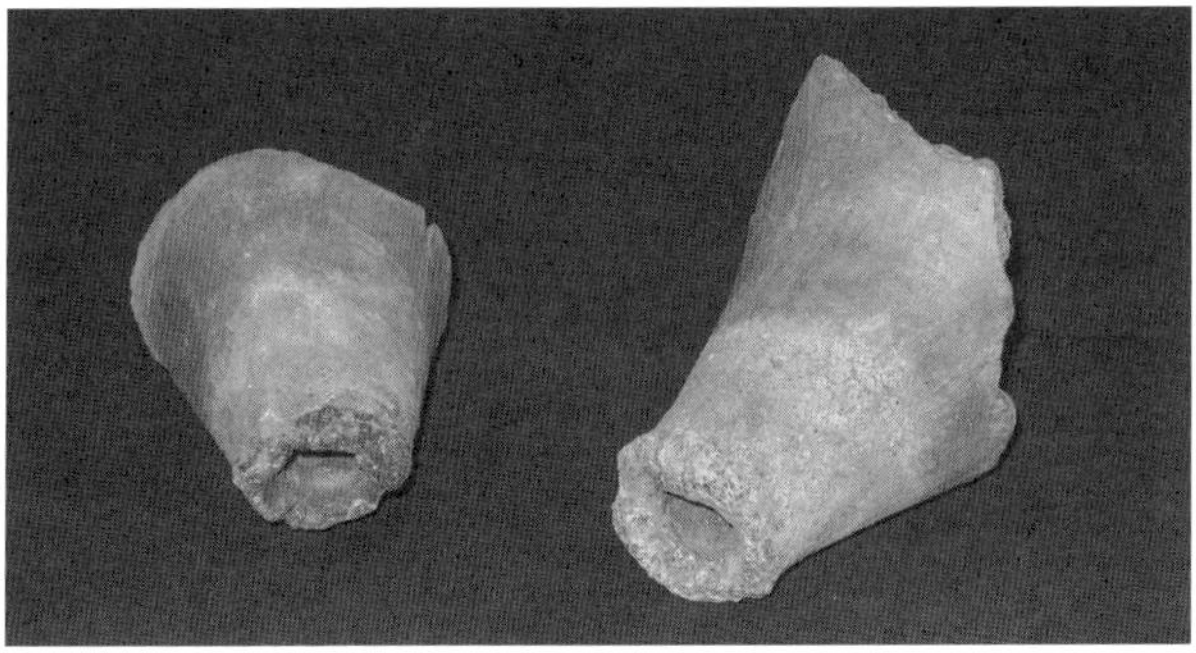

土器の脚を転用した鍛冶炉の送風管
(清水内遺跡出土　郡山市教育委員会蔵)

朝鮮半島系の糸紡ぎの重り
(清水内遺跡出土　大安場史跡公園蔵)

著者略歴

垣内　和孝（かきうち　かずたか）

1967年生まれ。
1992年、中央大学大学院文学研究科博士前期課程修了。
郡山市埋蔵文化財発掘調査事業団などを経て、現在は大安場史跡公園に勤務。

〔主要著書〕
『郡と集落の古代地域史』（岩田書院　2008年）
『歴春ブックレット安積２　郡山の城館』（歴史春秋社　2015年）
『伊達政宗と南奥の戦国時代』（吉川弘文館　2017年）

歴春ブックレット安積4　**郡山の古墳**

二〇一九年八月十七日第一版　発行

著　者　垣内和孝

発行者　阿部隆一

発行所　歴史春秋出版株式会社

〒965-0842　福島県会津若松市門田町中野

電話　〇二四二(二六)六五六七

郵便振替　〇二一一〇-七-三九九四

印　刷　北日本印刷株式会社